DIESES BUCH GEHÖRT:

TESTSEITE

TESTEN SIE DIE FARBEN AUF UNSEREM PAPIER

DAS IST EINE LEERE SEITE

SIE KÖNNEN MIT FILZSTIFTEN FÄRBEN

"Krew"
"Graffiti not Crime"

DAS IST EINE LEERE SEITE

SIE KÖNNEN MIT FILZSTIFTEN FÄRBEN

"culture"

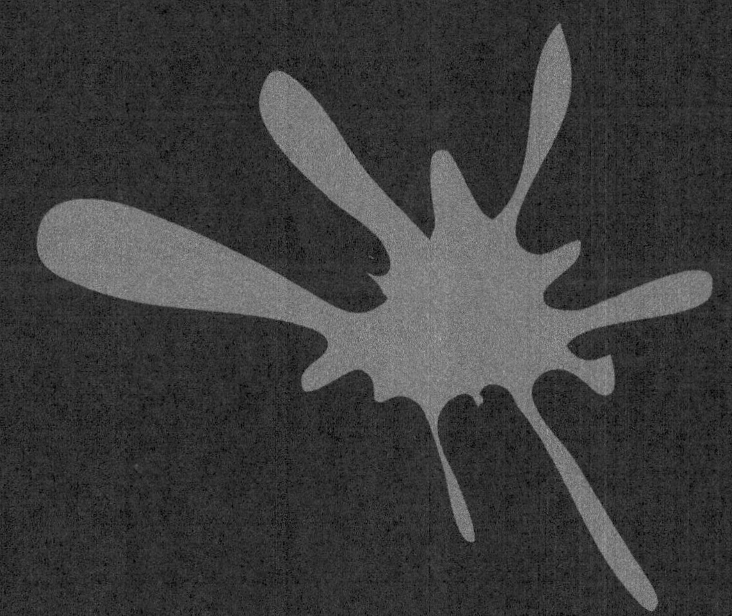
DAS IST EINE LEERE SEITE
SIE KÖNNEN MIT FILZSTIFTEN FÄRBEN

DAS IST EINE LEERE SEITE

SIE KÖNNEN MIT FILZSTIFTEN FÄRBEN

BIG

DAS IST EINE LEERE SEITE

SIE KÖNNEN MIT FILZSTIFTEN FÄRBEN

DAS IST EINE LEERE SEITE

SIE KÖNNEN MIT FILZSTIFTEN FÄRBEN

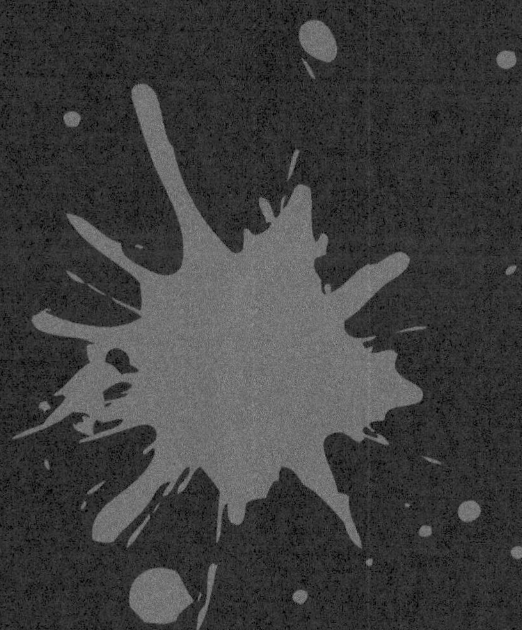

DAS IST EINE LEERE SEITE

SIE KÖNNEN MIT FILZSTIFTEN FÄRBEN

DAS IST EINE LEERE SEITE

SIE KÖNNEN MIT FILZSTIFTEN FÄRBEN

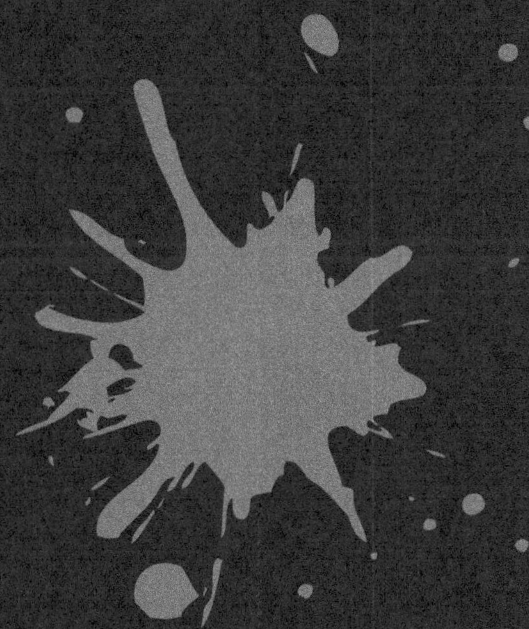

DAS IST EINE LEERE SEITE

SIE KÖNNEN MIT FILZSTIFTEN FÄRBEN

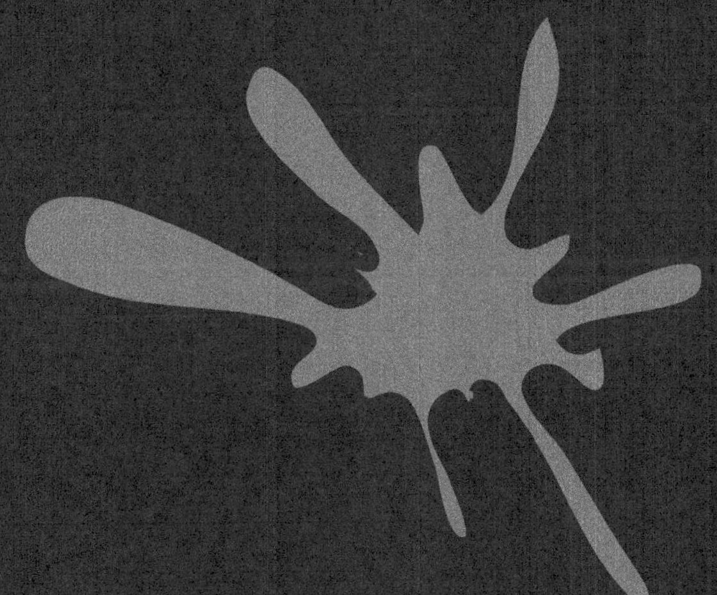

DAS IST EINE LEERE SEITE

SIE KÖNNEN MIT FILZSTIFTEN FÄRBEN

DAS IST EINE LEERE SEITE

SIE KÖNNEN MIT FILZSTIFTEN FÄRBEN

DAS IST EINE LEERE SEITE

SIE KÖNNEN MIT FILZSTIFTEN FÄRBEN

DAS IST EINE LEERE SEITE

SIE KÖNNEN MIT FILZSTIFTEN FÄRBEN

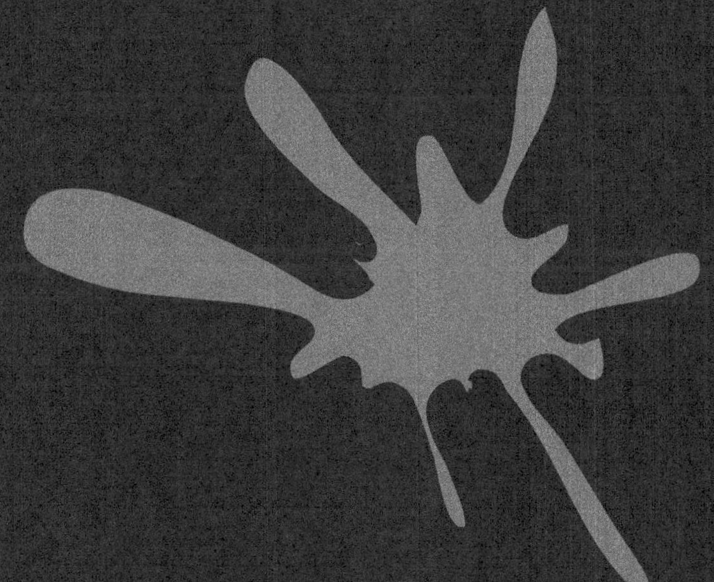

DAS IST EINE LEERE SEITE

SIE KÖNNEN MIT FILZSTIFTEN FÄRBEN

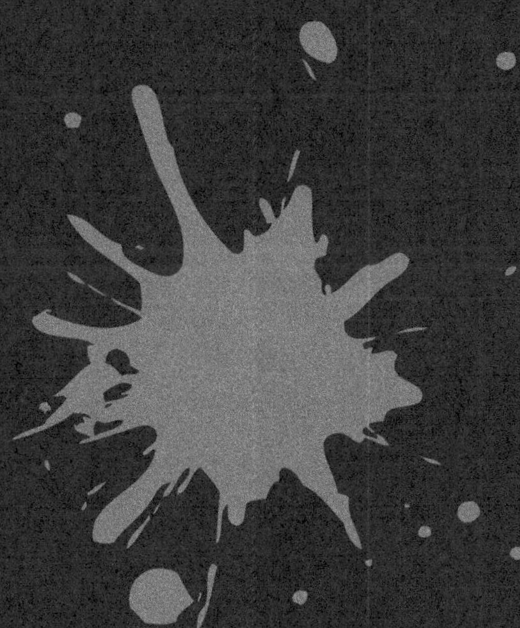

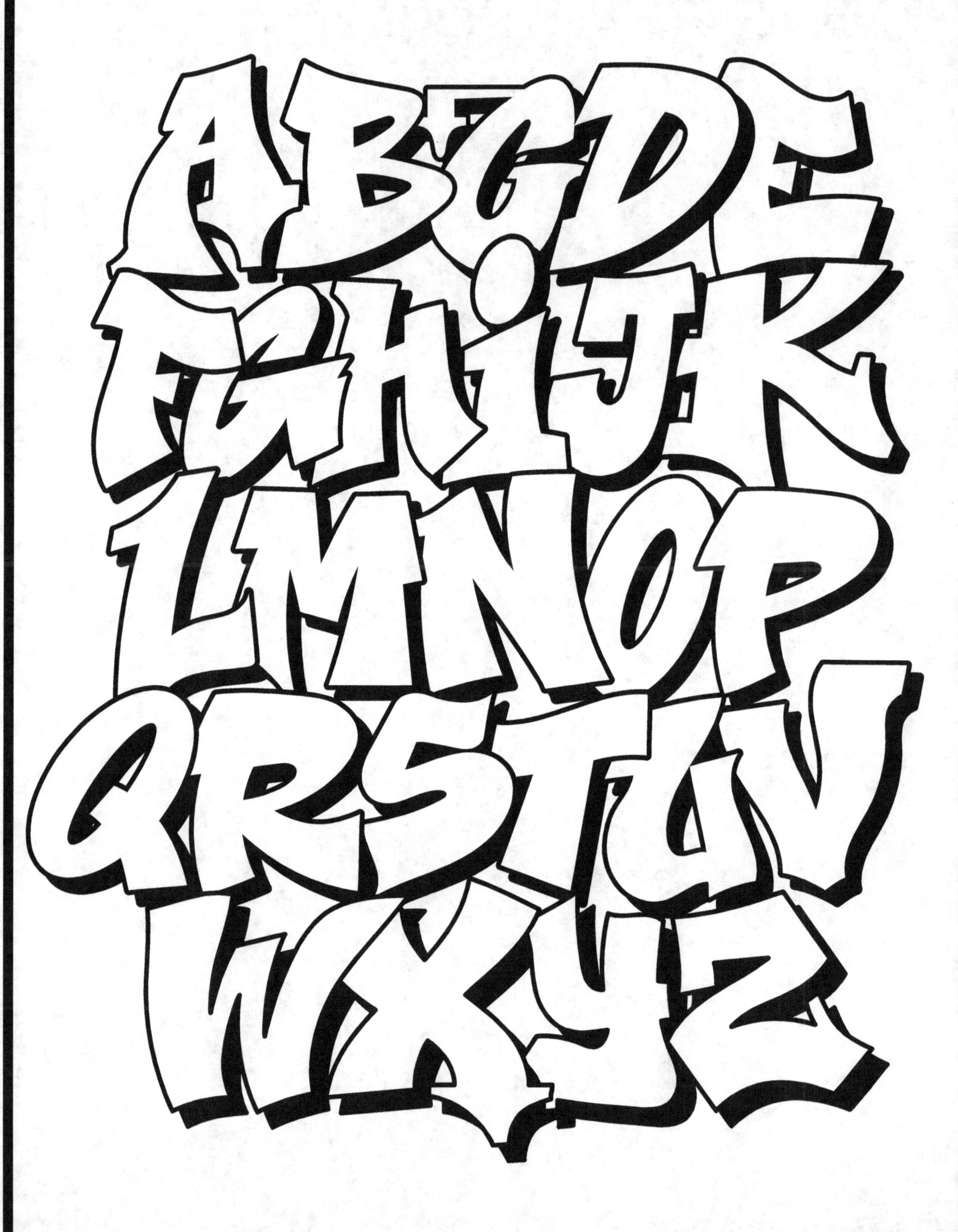

DAS IST EINE LEERE SEITE

SIE KÖNNEN MIT FILZSTIFTEN FÄRBEN

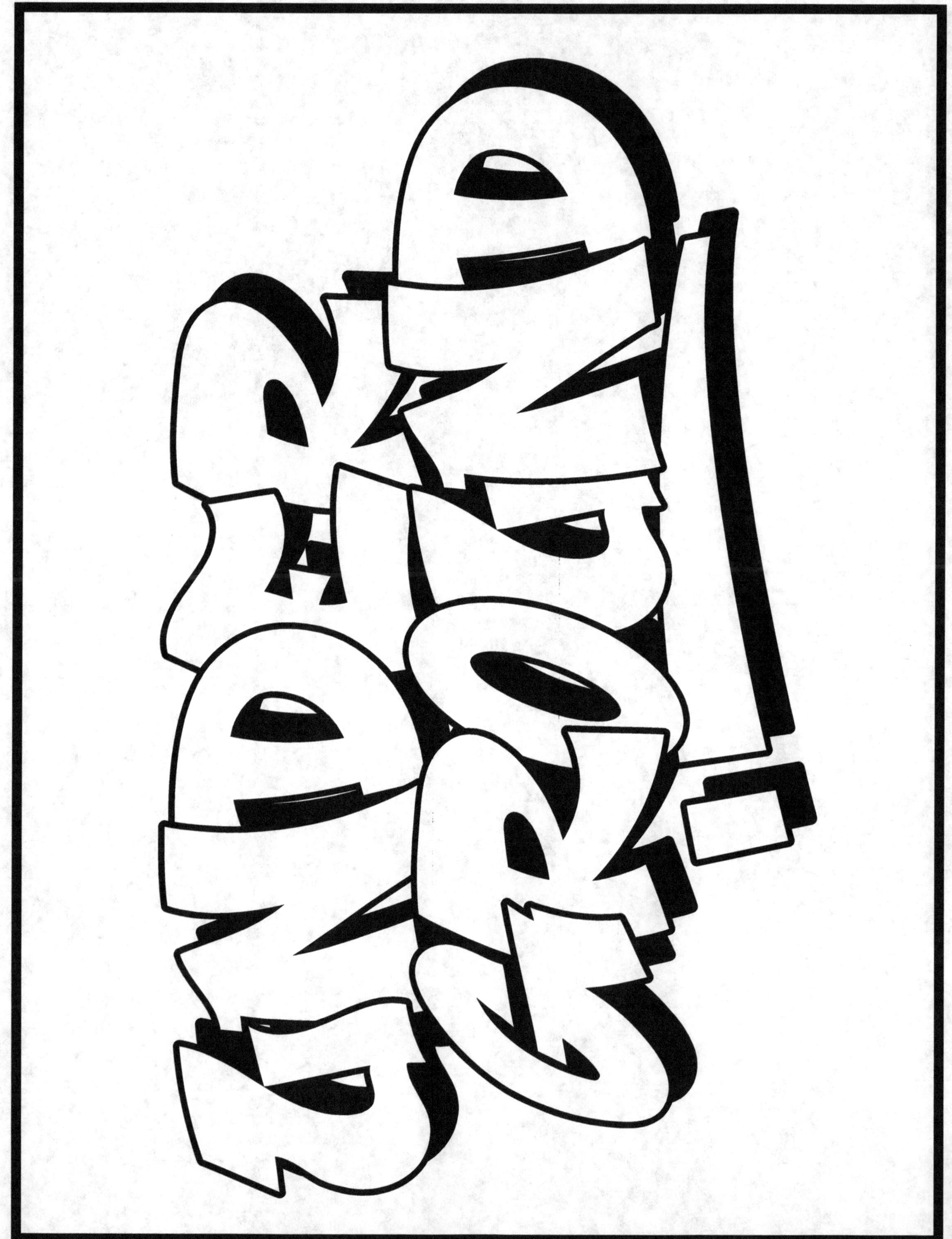

DAS IST EINE LEERE SEITE

SIE KÖNNEN MIT FILZSTIFTEN FÄRBEN

DAS IST EINE LEERE SEITE

SIE KÖNNEN MIT FILZSTIFTEN FÄRBEN

DAS IST EINE LEERE SEITE

SIE KÖNNEN MIT FILZSTIFTEN FÄRBEN

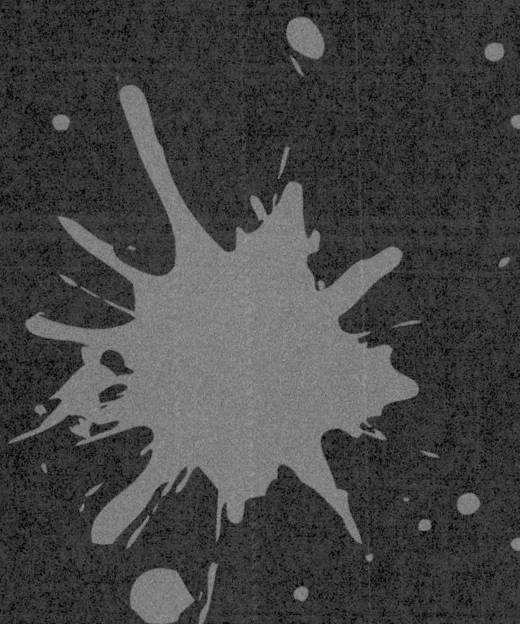

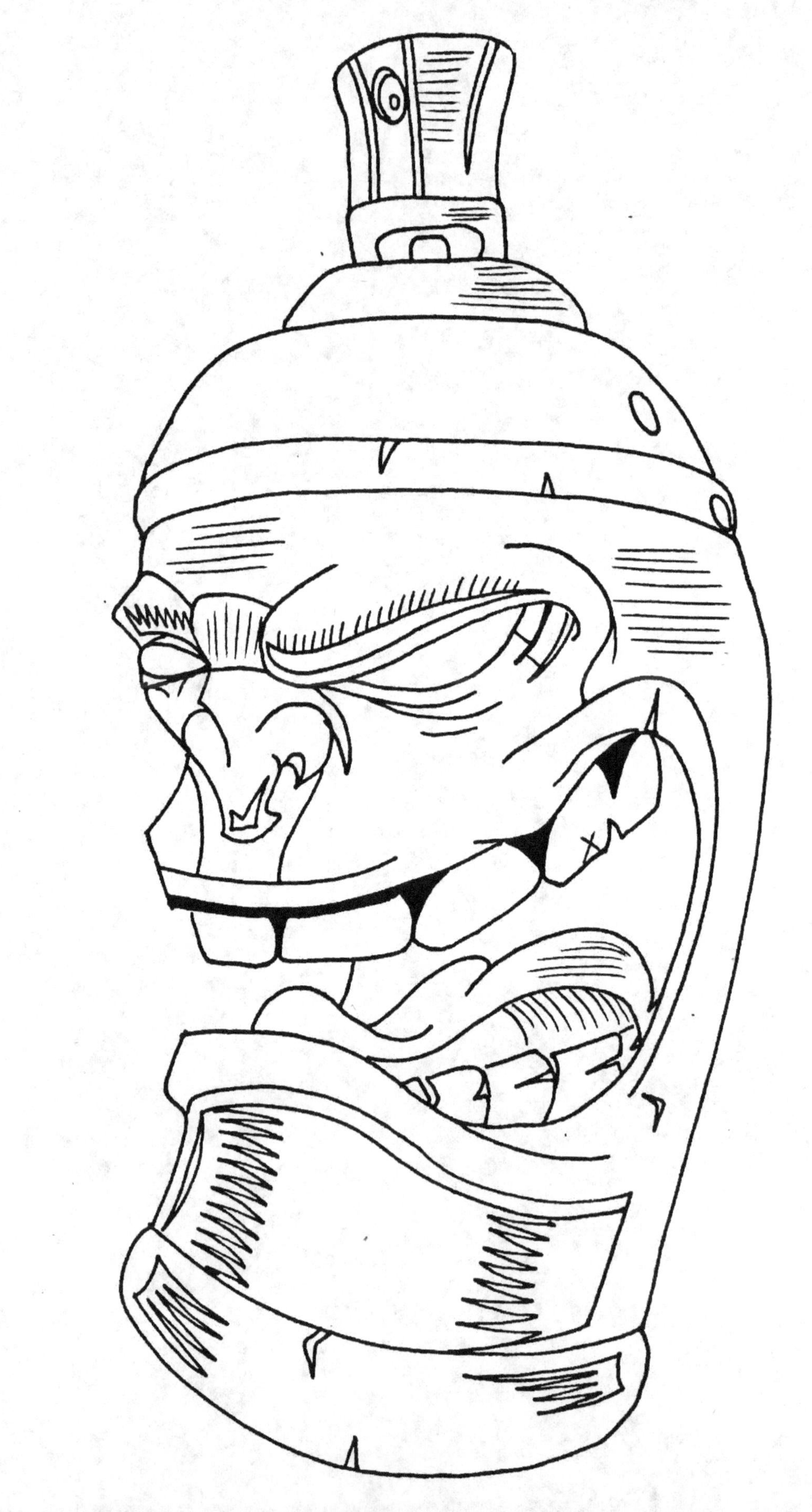

DAS IST EINE LEERE SEITE

SIE KÖNNEN MIT FILZSTIFTEN FÄRBEN

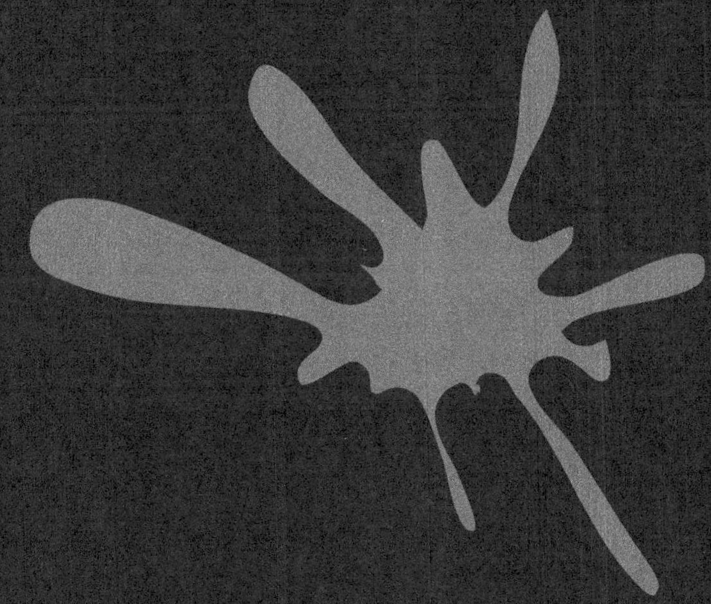

Home
Sweet
Home

DAS IST EINE LEERE SEITE

SIE KÖNNEN MIT FILZSTIFTEN FÄRBEN

KEEP it
REAL

DAS IST EINE LEERE SEITE

SIE KÖNNEN MIT FILZSTIFTEN FÄRBEN

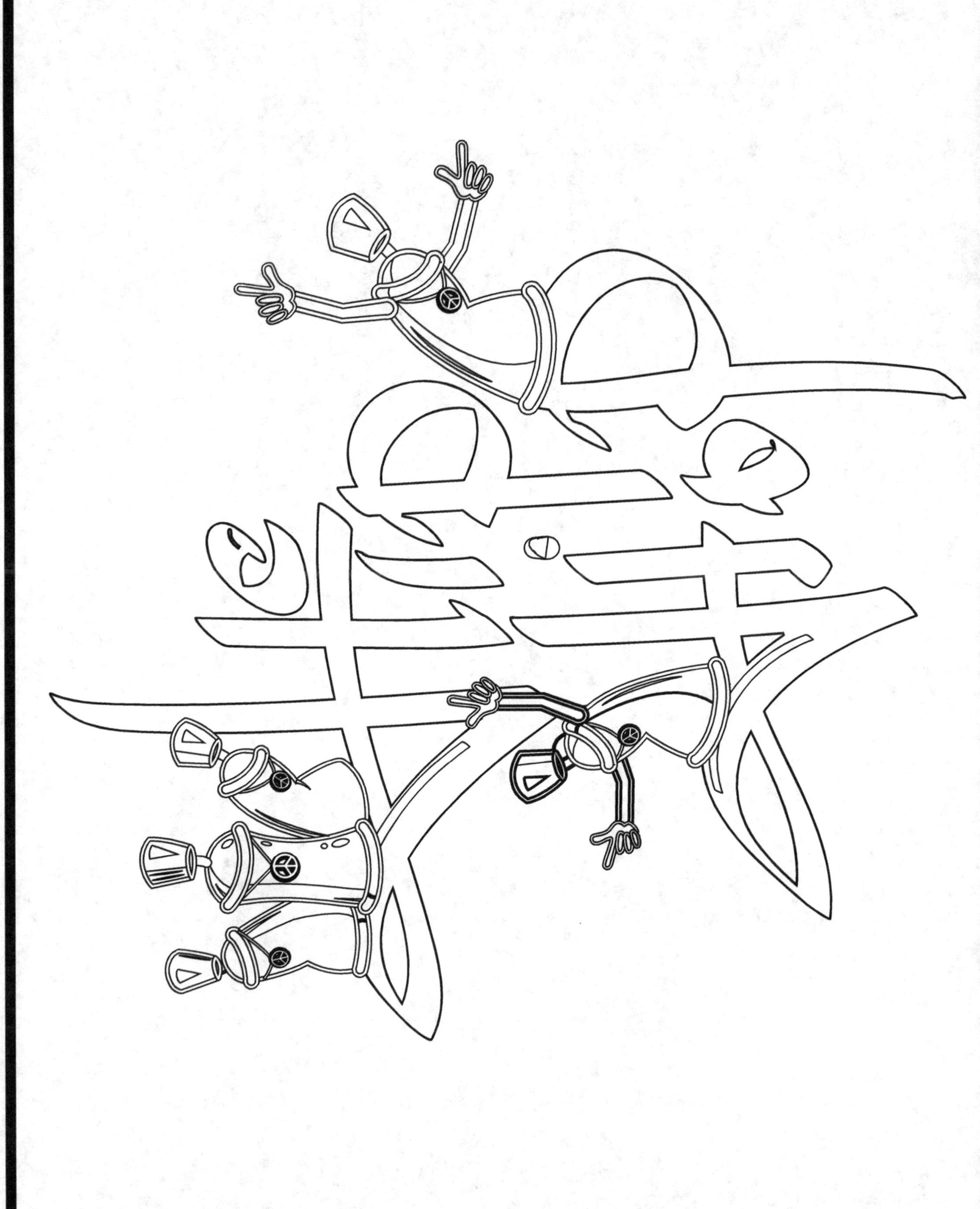

DAS IST EINE LEERE SEITE

SIE KÖNNEN MIT FILZSTIFTEN FÄRBEN

DAS IST EINE LEERE SEITE

SIE KÖNNEN MIT FILZSTIFTEN FÄRBEN

DAS IST EINE LEERE SEITE

SIE KÖNNEN MIT FILZSTIFTEN FÄRBEN

Auf der
nächsten
Seite

BONUS

DAS IST EINE LEERE SEITE

SIE KÖNNEN MIT FILZSTIFTEN FÄRBEN

www.ingramcontent.com/pod-product-compliance
Lightning Source LLC
Chambersburg PA
CBHW080300180726
47999CB00018B/2738